AF242273

LETTRES

D'UN PRUSSIEN

SUR

LA POLITIQUE EN FRANCE.

TRADUCTION

de Ch. PILARD.

1er FASCICULE.

MONTMÉDY

IMPRIMERIE DE PIERROT-CAUMONT.

1877.

LETTRES

D'UN PRUSSIEN

SUR

LA POLITIQUE EN FRANCE.

TRADUCTION

de Ch. PILARD.

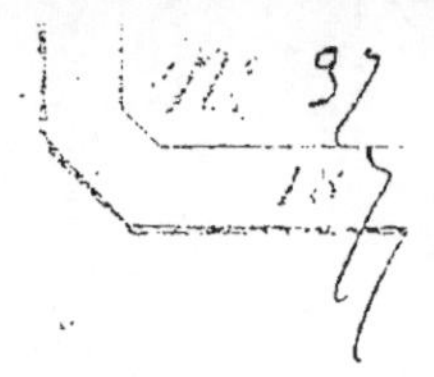

MONTMÉDY

IMPRIMERIE DE PIERROT-CAUMONT.

1877.

LETTRES D'UN PRUSSIEN

LA POLITIQUE EN FRANCE.

I.

Berlin, 15 décembre 1876.

Vous n'attendez certainement pas que je vous résume l'opinion de la Prusse sur la crise ministérielle que vous venez de traverser. Beaucoup s'en sont frotté les mains, qui toujours sont prêts à se réjouir de ce qui peut arriver de fâcheux à la France ; quant à nous, qui avons passé en France nos plus belles années, et qui croyons que l'humanité n'a point de frontières, nous en avons été profondément affligés, mais non étonnés, car la durée de ce ministère a dépassé toutes nos prévisions. Quand, au lendemain du 24 mai, Gambetta s'adressant à la démocratie française prononça ces paroles mémorables : « Ayons le calme de la force, » une discipline sévère s'établit soudain à l'Assemblée dans les groupes de la gauche ; aux provocations, aux vexations, aux spoliations iniques dont la presse républicaine fut frappée par l'état de siége, la démocratie répondit par la patience, on peut même dire par la résignation, et en Prusse, les esprits les plus malveillants, les journaux les moins suspectés de tendresse envers vous, ne purent s'empêcher, sinon de louer, du moins de constater la profonde sagesse politique de la démocratie française. L'an dernier la trouva hostile à l'addition d'une chambre haute ; beaucoup de libéraux purent y voir ce qu'a défini pittoresquement le chancelier de Bismarck « *une balle explosible à temps, dans le flanc de la République française,* » toutefois l'esprit de conciliation prévalut ; la satisfaction de voir la république s'affirmer par la proclamation de la Constitution détendit les volontés, et les gauches acceptèrent ce sénat où siégent aujourd'hui la plupart de ceux qui étaient opposés à sa création. Les élections de 1876 déplacèrent la majorité, mais aux yeux de la chambre nouvelle, l'ancienne Assemblée nationale revivait dans le sénat avec son esprit clérical, et la confirmation de la loi de 1875 sur la liberté de l'enseignement supérieur le fit bien voir. Basée sur une interprétation judaïque du mot *liberté*, en ce sens que les franchises qu'elle consacre ne peuvent être mises à profit que par un parti assez fortuné pour subventionner des universités, cette loi, approuvée par le sénat, est, à notre avis, le premier grief de la chambre des députés. Ce n'est pas que sur ce point, elle aît pu s'en prendre au ministère, mais, par représailles, la présentation du budget des cultes a donné lieu à de vives attaques, et le ministère a fini par être mis en cause à propos de sa règlementation des obsèques civiles des légionnaires.

En présence de cette partialité en faveur du cléricalisme, les gauches, selon l'opinion générale en Allemagne, ne font que prendre « la revanche de l'ordre moral » et de la compression imposée au pays. Nos socialistes et libéraux vont même plus loin : « *Vergeltungsrecht*, — C'est un droit de représailles, » — s'écrient-ils, et il se trouve plus d'approbateurs que vous ne pourriez le supposer. La France ne se doute pas de l'intérêt qu'on prend en Allemagne à ses affaires publiques ; il n'y a pas ici un homme intelligent qui ne soit en état de discuter, selon sa conscience, sur la politique française.

Voyez cependant à quoi a tenu le maintien du cabinet : les plus ardents à la Chambre se calmaient en entendant la déclaration du ministre de Marcère, engageant, malheureusement à tort, un cabinet qui ne voulait pas être sauvé. Nous estimons, nous, que cet homme d'Etat est personnellement désintéressé ; il l'a prouvé en acceptant d'abord devant l'Assemblée une tâche ingrate, qui incombait à son collègue de la guerre, et ensuite il s'est révélé politique prompt et d'initiative en enlevant à l'Assemblée cet ordre du jour de confiance dans lequel un ministère plus avisé pouvait puiser une vitalité nouvelle. C'est là un homme d'état de grande valeur que vous devez mettre en réserve pour l'avenir.

On reconnaît unanimement en Allemagne la souplesse et la fécondité d'esprit de M. Simon, votre nouveau président du conseil, et l'on est persuadé que la bonne entente existera entre lui et ses collègues, mais précisément à cause de la flexibilité personnelle dont il est doué. Tous nos libéraux sont d'accord pour louer la façon exacte, sensée, dont le maréchal de Mac-Mahon entend ses devoirs de président de la République. Je vous dirai que le maréchal a laissé ici les meilleurs souvenirs comme ambassadeur. Le pangermanisme avait vu arriver avec une certaine défiance le vainqueur de l'Autriche, et vous savez que notre gouvernement avait pris grand ombrage après Solférino. Les pompes magnifiques, le luxe inouï, l'apparat que l'ambassadeur français déploya en l'honneur de notre nouveau roi Guillaume, stupéfièrent le peuple, qui crut devoir en prendre sa part, et l'on fut d'autant plus surpris, charmé de la simplicité d'allures et de la bonhomie du maréchal dans les relations ordinaires.

Ce souvenir est resté vivace à Berlin, et je vais peut-être vous étonner: malgré les colères qu'avait suscitées la *querelle d'Allemand* que Napoléon nous chercha, on entendait beaucoup de gens dire, en lisant le compte-rendu de la victoire de Sedan : « Le pauvre Mac-Mahon est blessé ! Le pauvre Mac-Mahon ! »

Le Conseil fédéral a décidé que l'Allemagne ne serait pas officiellement représentée à l'Exposition de 1878. Je sors d'une réunion où se trouvaient beaucoup de grands industriels et plusieurs hommes politiques de différents partis. Un de nos grands fabricants a flagellé impitoyablement la question d'économie et a traité ce prétexte de *misérable*. Un industriel appartenant au parti progressiste, a dit, en citant l'échec de Philadelphie, que le régime militaire de la Prusse portait ses fruits. « Notre esprit inventif, s'écria-t-il, est dévoyé, nous ne pensons plus qu'au service militaire qui nous étreint dès l'âge d'homme. A quoi bon caresser des projets, tenter des essais, des perfectionnements qui seront interrompus demain? Pour toi le service actif. — Pour vous l'appel de la réserve. — Pour celui-ci l'appel de la landwehr. — Pour celui-là l'appel de la landsturm. » A quoi un de nos hommes politiques, gallophobe déterminé, a répliqué, en manière de consolation : « Attendez, attendez que la France ait appliqué complètement ses nouvelles lois militaires, et ce sera comme chez nous ! »

II.

Berlin, 29 Décembre 1876.

... Depuis ma dernière lettre, une nouvelle réunion industrielle, plus importante, a eu lieu ici, relativement à la part à prendre par l'industrie allemande à l'Exposition française de 1878. Beaucoup d'industriels berlinois étaient décidés, si le Parlement refusait de voter des fonds, à faire eux-mêmes les frais de leur exposition. Un grand fabricant de tissus des provinces rhénanes me dit qu'il en était de même dans son pays ; seulement, on n'avait pas encore arrêté si l'on pétitionnerait séparément, ou si l'on s'unirait aux industriels de la Vieille Prusse. « Pourquoi n'irions-nous pas à Paris ? me disait-il, en admettant que le gouvernement ne donne rien, qu'est-ce qu'une augmentation accidentelle de frais généraux pour un négociant ? Plusieurs de mes confrères craignent un mauvais accueil ; de la part de qui ? ce ne sera certainement ni de la part des industriels français, ni de la portion du public qui s'intéresse aux questions de la fabrication ; or, c'est de ce côté-là seulement que nous cherchons des suffrages et des encouragements. En 1871, quand mes deux fils étaient à l'armée de la Meuse, ils m'ont un jour écrit : « Nous allons entrer demain dans X... Devons-nous aller rendre visite à M. H... ? » C'était un de mes plus anciens amis et correspondants. — Non, mes fils, leur répondis-je, vous ne devez point vous présenter à sa demeure, mais seulement lui écrire et l'assurer de mon amitié constante et de votre respect invariable. Ils ont fait ainsi, et mon ami H... les a invités chez lui, et sa première question a été celle-ci : « Avez-vous encore des *antenois* et combien valent-ils ? » C'est ce qui s'appelle parler en négociant et en homme de tact ; il faut autre chose qu'une guerre qui ne leur rapporte rien pour brouiller deux négociants qui ont trouvé la fortune comme résultat de leurs longues et amicales relations. »

Je vous ai raconté ceci pour vous faire juger de la manière dont on envisageait la question de l'Exposition dans notre grande industrie, lorsqu'on apprit que le réglement français n'admettait pas de rapports entre les exposants étrangers et le commissariat général de l'Exposition, autrement que par l'entremise des délégués spéciaux nommés par leurs gouvernements respectifs. D'où des émotions de divers genres dans les différents groupes politiques et les journaux qui leur ressortissent. Les uns y trouvent un grief de plus contre la France qui a prétendu exclure l'Allemagne, ce qui est inadmissible, le réglement ne nous étant pas particulier dans son application, mais étant l'instrument destiné à régler les rapports avec toutes les puissances sans exception. Les autres critiquent ouvertement l'exigence d'un délégué gouvernemental (ceci est pour votre gouvernement) ; ils estiment qu'une Exposition universelle étant uniquement un moyen de mettre en comparaison les produits des industries nationales, les portes doivent en être librement ouvertes à tout producteur, que c'est purement affaire de jury industriel international, et que les gouvernements ne savent intervenir dans ces sortes de choses que pour les brouiller. Cela n'est plus pour votre gouvernement, et le nôtre vient de commettre une grande maladresse, qui serait beaucoup plus vertement relevée chez nos voisins moscovites, si la question d'Orient ne les préoccupait pas autant.

L'Allemagne politique prend toujours intérêt aux discours de l'évêque d'Orléans, ce prélat belliqueux qu'un journal satirique annonçait il y a quelque temps avoir racheté au capitaine de Mun démissionnaire son casque et sa cuirasse. Deux fois, en moins de huit jours, Mgr Dupanloup a enfourché un de ses *dadas* favoris « les églises trop peu nombreuses et trop petites pour que le pauvre et le soldat puissent y trouver place. » Ne serait-ce pas le cas de souhaiter pour les églises ce que Socrate souhaitait pour sa maison : qu'elles fussent pleines de vrais amis de la religion. Quant aux messes dites *militaires,* j'ai remarqué, lors de mon dernier voyage en France, qu'elles étaient surtout suivies par les bourgeois et les bourgeoises curieuses de voir les uniformes et d'entendre la musique. L'évêque a été plus logique en parlant du traitement par trop exigu des prêtres de campagne, obligés pour ainsi dire, par leur caractère, à ne refuser l'aumône à personne et à observer un certain décorum. Quand j'habitais la France, j'ai constaté également dans l'ordre militaire combien les appointements des fonctionnaires inférieurs étaient peu en rapport avec ce qu'on exigeait d'eux pour le dehors, et cependant j'ai toujours reçu du modeste desservant comme de l'officier subalterne la plus large et la plus digne hospitalité : preuve indiscutable de la générosité qui fait le fond du caractère français.

Les dernières séances du Reichstag ont été consacrées à la discussion du budget de l'Alsace-Lorraine. Il nous est toujours pénible, à mes amis et à moi, de voir à la tribune les députés de vos anciens départements ; aigris par la douleur et le ressentiment, ils prennent en général la parole sur un ton acerbe qui blesse beaucoup de députés et les porte, dans la discussion, à des ripostes grossières et peu généreuses. A l'une des dernières séances, le gouvernement d'ailleurs, par l'organe d'un de ses commissaires, a été le provocateur, et cela bien maladroitement, en imputant les crimes et délits commis en Alsace-Lorraine à des Français établis depuis l'annexion. Or, comment, même à défaut de preuves contraires, le bon sens admettrait-il que des Français, en aussi grand nombre, fussent allés se fixer en Alsace-Lorraine, précisément depuis que ces provinces n'appartiennent plus à la France. M. le député alsacien Simonis a produit des pièces établissant que les tribunaux ont jugé beaucoup de Wurtembergeois, des Badois et des individus provenant des provinces rhénanes de la Prusse et de la Bavière.

Personne ne contredisait l'orateur, et le commissaire du gouvernement faisait assez longue mine, mais quand M. Simonis a parlé « des débordements de l'immoralité à Strasbourg et à Metz, depuis l'annexion » les cris et les interruptions ont éclaté de toutes parts. On lui a demandé si, en France, les grandes villes de garnison ressemblaient à *la Grande Chartreuse* ? « Et Mourmelon ! Mourmelon ! » hurlaient les gallophobes. J'ai vu, rapportés dans vos journaux, des fragments de cette séance, et l'on cite, parmi ceux qui se sont affirmés les défenseurs de la moralité allemande attaquée, M. Pochammer ; c'est une erreur, ce nom est celui de l'ancien receveur général des contributions levées pendant la guerre par la Prusse dans le gouvernement de Reims, et il s'agit de M. Püttkammer, que sa qualité d'administrateur de la ville de Metz mettait directement en cause.

Le rideau de la scène politique française vient de tomber avec l'année sur la bonne entente finale des deux Chambres au sujet du budget. Vos deux Assemblées auront souvent à se faire réciproquement pareilles concessions, si elles veulent la durée de la République. Il faudra, d'un côté et de l'autre, ne craindre ni le reproche de faire des cotes mal taillées, ni celui de sacrifier à l'*opportunisme* que créa M. Gambetta. Quelques grands services qu'il aît rendus en prenant la direction du parti libéral, nous estimons que son temps n'est pas encore venu. Cet homme d'Etat est en avance sur son époque, il faut qu'il attende la venue au jour d'une *couche sociale* superposée à la sienne, il faut qu'il reconnaisse que M. Jules Simon est *opportun*.

III

Berlin, le 10 janvier 1877.

Autrefois, chez vous, l'ouverture du Parlement était marquée par un message de l'empereur, et si peu probatives que soient en général ces déclarations, la nation prenait toujours intérêt à les entendre sortir de la bouche d'un souverain *absolu,* quoique constitutionnel, et seul maître réellement de la conduite des affaires de la France, en face d'un Parlement voué à l'acquiescement et à l'approbation. M. Thiers ne laissa pas tomber cet usage, et la continuation des traditions de la monarchie chez le président de la République de 71 se conçoit facilement : au lendemain d'une paix si chèrement achetée, en présence de tant de désastres et de ruines à réparer, d'une insurrection formidable à vaincre, d'une rançon énorme à payer, d'un ennemi encore menaçant et semblant se retirer à regret, la nation française, affolée, consternée, se jeta sans conditions dans les bras du seul personnage assez consistant pour inspirer à l'Europe quelque croyance dans le relèvement de la France. Dans ces temps d'effarement, d'*aplatissement* général, qui eût osé dire « il n'y a pas d'homme indispensable ? » Plus tard, quand l'horizon se fut éclairci, beaucoup furent honteux d'avoir eu peur, et surtout honteux d'avoir dû leur sécurité à qui ? à un *vieux monsieur,* à un *petit bourgeois* sans ancêtres, et on s'appliqua à le renverser du pouvoir : mais lui, qui, du jour où il y était arrivé, avait dû, lui seul, commander, diriger, ordonner, ne put racheter la tache originelle ; aux attaques, à l'opposition, à l'ingratitude des droites, il répondit *en souverain,* prenant la parole *comme un souverain,* exposant dans ses messages à la Chambre l'état de cette France, dont, moins le titre, il était effectivement le *souverain.* Avec le maréchal de Mac-Mahon, changement total : il est le président d'une République *constituée,* dont les volontés sont manifestées par l'organe des chambres et réalisées par lui, chef du pouvoir exécutif. Il n'a donc, ni à *donner de sa personne,* ni à exposer devant les Chambres leurs propres décisions ; un message est inutile. C'est néanmoins chose remarquable que de voir ce guerrier titré, descendant d'une famille de rois, investi des plus hautes dignités militaires, et conséquemment habitué à être obéi de tous, exercer avec autant de rectitude et de correction les fonctions passives de président de République.

Je ne sais si, en France, on a accordé beaucoup de créance à ce bruit qui a couru de la demande faite par le czar au feld-maréchal Manteufel de prendre le commandement de l'armée russe du Sud. Quant à moi, je vois là une pure invention, un *canard,* comme vous dites, et dont l'auteur, inspiré par la malveillance, a voulu insinuer que la Russie ne pouvait trouver chez elle un général en chef capable. Ce qui me confirme dans mon opinion, c'est que, peu de jours après la publication de cette nouvelle, on a vu annoncer dans les journaux allemands anti-russes, comme devant commander l'armée, plusieurs généraux russes très-âgés, invalides même, et ne quittant plus leur fauteuil. Les gens sérieux n'en furent pas dupes et j'ai entendu récemment un de nos meilleurs généraux accorder de la valeur, de l'énergie et du savoir à plusieurs de ses émules moscovites. Incontestablement, les deux empereurs de Russie et d'Allemagne ont l'un pour l'autre de l'affection, mais il s'en faut qu'il en soit de même des deux nations et surtout des deux armées. Le temps est loin où l'Allemand Münich et le Suisse Lefort commandaient les armées du czar, et si Mac-Mahon a pu dire, lorsqu'on parlait de rétablir la monarchie du drapeau blanc, que « les chassepots partiraient tout seuls », il faudrait chercher une comparaison analogue à propos de la nomination de Manteufel. Je dois dire que, si la chose était réalisable, le feld-maréchal Manteufel serait certainement, par sa courtoisie parfaite, son aménité et son esprit de conciliation, l'homme le moins capable de blesser l'amour-propre national de l'armée étrangère qu'il commanderait.

Il est donc définitivement arrêté que l'Allemagne ne figurera pas à l'Exposition française de 1878 ? Les industriels autorisés par les qualités de leurs produits à espérer un succès en sont très-vexés ; dernièrement, ici, on s'est prononcé très-vertement contre le chancelier de Bismark au sortir d'une séance du conseil municipal ; la nation, prise en gros, n'est pas satisfaite, la presse est très-chatouilleuse, très-susceptible à cet endroit, et pour chercher à atténuer le mauvais effet produit par cette décision, que notre gouvernement regrettera peut-être sous peu d'avoir prise, les journaux gallophobes s'évertuent à découvrir les puissances qui n'auraient pas encore accédé à la demande de la France. Quant à nous, qui n'admettons point les rancunes de peuple contre peuple, nous n'avons point de loisirs à consacrer à ces investigations sottes et stériles. Il me revient d'une source souvent bien informée, que le prince impérial, ou royal, si vous aimez mieux, aurait incliné vers la participation, mais il n'avait point qualité pour décider ;

avant tout, fils respectueux, il n'a jamais pratiqué à l'égard de son père cette opposition systématique particulière aux héritiers présomptifs, et dont le roi Guillaume n'a pas toujours été exempt à l'égard de son frère et prédécesseur Frédéric-Guillaume IV. En parlant du prince Fritz, je me rappelle avoir lu pendant la guerre, dans les journaux français, des correspondances datées de pays occupés et qui ne lui étaient point favorables « on prétendait qu'il lâchait son *bull-dog* à la rescousse des passants. » C'est une fausseté, et que réfuterait certainement tout Français qui approcherait le prince et pourrait apprécier la bienveillance de ses manières et la bonté de son caractère.

MONTMÉDY. — IMP. PIERROT.

IV

Berlin, le 17 janvier 1877.

Dire qu'on se soit beaucoup occupé en Allemagne de l'incident que la révocation de l'avocat-général Bailleul a produit à la Chambre, ce serait une exagération. Quant à moi particulièrement, j'y ai apporté attention, du moment où il s'agissait des commissions mixtes, que j'ai vu fonctionner, alors que j'habitais la France. Un magistrat de mes commensaux en faisait partie ; peu de temps avant le coup d'Etat de Napoléon, il avait failli étrangler de fureur à la table d'hôte, en recevant une lettre adressée (probablement par malice) « à M, le substitut du procureur *républicain.* » Cet incident suffisait à me donner la mesure de son attachement pour le gouvernement qu'il servait, mais cependant je me permis de lui témoigner mon étonnement de le voir associé à « ces tribunaux *à la turque.* » L'appréciation était passablement irrévérencieuse dans la bouche d'un jeune étranger, toutefois il ne s'en fâcha point et me répondit à peu près en ces termes : « La Justice a cela de commun avec l'Eglise d'être de sa nature très-jalouse de maintenir le principe d'autorité ; il fait sa force et assure l'exécution de ses arrêts, Mais, ne pouvant, comme l'Eglise, invoquer une origine divine, elle doit, du moins, exciper de l'autorité humaine la plus respectable par son ancienneté, et la forme monarchique, qui est l'antique tradition de la France, rehaussera toujours notre dignité de corps plus que le régime éphémère de la République. » Un autre magistrat assis à notre table, et qui, j'en suis sûr, n'aurait pas voulu faire partie des commissions mixtes, haussa les épaules, mais ne dit rien ; bientôt après, il subit une disgrâce qui le poursuivit, m'a-t-on dit, pendant tout l'Empire. Ce vieux souvenir va me faire vous en rapporter un plus récent. L'an dernier, au moyen d'une carte que me procura l'ambassadeur de mon pays, j'assistais, à Versailles, à une séance orageuse de la Chambre des députés. A côté de moi, un personnage politique très-connu disait hautement, lui aussi, que « la République ne pourrait pas vivre. » Si la politesse me l'eût permis, et surtout si j'eusse été Français, je lui eusse volontiers demandé : Mais, vous, Monsieur, avez-vous fait tout votre possible pour l'empêcher de mourir ? »

On a dû remarquer avec quels ménagements M. Jules Simon a traité cette question des commissions mixtes, incriminant non tant *les magistrats* que la *conduite* des magistrats qui en avaient fait partie. Il y avait là une nuance de langage dont l'effet ne pouvait être ignoré par un homme aussi habile que M. Jules Simon dans l'art de parler. La *conduite tenue jadis* par ces magistrats est à blâmer, c'est incontestable pour tout ami de ce qui est juste, et le ministre n'y a pas manqué, mais il s'est gardé d'incriminer directement *les magistrats* anciens membres des commissions mixtes encore actuellement en fonctions. Je crois que pour juger cette question, vous avez besoin, vous Français, de beaucoup d'indulgence et de modération : dans votre pays, si sujet aux révolutions, le fonctionnaire est plus ou moins palinodiste.

Vous avez pu remarquer, si vous avez examiné

les résultats des élections du Reichstag, que les *autonomistes*, en Alsace et en Lorraine, gagnent du terrain. Il ne faut pas voir dans ce mouvement seulement une simple appétence de *self govern-ment*, de franchises provinciales ; des préoccupations plus matérielles travaillent l'Alsace-Lorraine. Les députés *autonomistes* eux-mêmes protestent contre la conquête, tout aussi bien que ceux de leurs compétiteurs qui se sont présentés aux suffrages des électeurs avec le titre spécifié de « candidats de la protestation » ; seulement, trouvant que les regrets et les espérances seront peut-être longtemps stériles, ils ont cherché et indiquent un moyen d'améliorer leur sort actuel et d'assurer leur sécurité pour l'avenir ; ce moyen, c'est la *neutralisation* de leurs contrées. En effet, que la France, dans un temps donné, veuille reprendre ses deux provinces ? Elles deviendront donc encore le théâtre de la guerre, elles auront à en supporter de nouveau tous les ravages, toutes les horreurs, sans être certaines que le succès des armes françaises compenserait leur ruine ; car, ce n'est pas vous faire injure que de dire que la Prusse mettrait à défendre sa conquête son dernier homme et son dernier thaler. Les *autonomistes* voudraient donc que les pays annexés fussent neutralisés : le patriotisme est une religion, ils n'oublient pas le culte de la mère patrie dont on les a, eux innocents, violemment séparés, mais on ne vit pas que de religion, et l'opinion publique, en France, ne saurait leur en vouloir de chercher, quoiqu'Alsaciens-Lorrains, à sauvegarder leurs intérêts matériels les plus pressants.

V

Berlin, 29 janvier 1877.

Votre Chambre des députés a donc repris ses séances. De ce fait, nous allons trouver un aliment de plus pour défrayer nos conversations de tous les soirs. C'est toujours le docteur *** qui nous fait en français la lecture de vos débats parlementaires ; ce rôle lui est justement assigné, car très versé en linguistique et correspondant des académies de France, il nous est naturellement supérieur, à nous qui, pour la plupart, avons habité votre pays pour nos affaires et y avons plus spécialement pratiqué le vocabulaire usuel des négociants. Aussi, les subtilités, les nuances de langage nous échappent-elles souvent, mais le docteur ne cède pas pour cela ; procédant par comparaisons, il arrive, d'analogie en analogie, à nous faire saisir le sens juste qu'a voulu donner l'orateur, et nous nous efforçons que sa patience à nous instruire soit égalée par notre bonne volonté de profiter de ses enseignements. Souvent un tour de phrase, un simple mot, sorti de notre mémoire depuis des années, vient raviver les souvenirs de notre jeunesse, et ces *retrouvailles* nous procurent toujours les plus douces émotions.

Ce n'est pas que la première séance de reprise aît été des plus remarquables ; cependant nous avons suivi la discussion préparatoire sur l'amendement que quelques députés voudraient apporter à l'impôt sur les chevaux et les voitures, et nous avons recueilli quelques révélations pittoresques. Il est réellement curieux qu'un cheval de bât, chargé de denrées à destination du marché et imposé comme cheval de *bât*, soit surtaxé comme cheval de *selle*, parce qu'au retour du marché, on aura vu son maître, fatigué ou ayant trop arrosé ses opérations, se substituer aux marchandises vendues en ville et s'asseoir sur son dos. Ou bien encore la voiture à fumier, imposée comme telle, mais surtaxée parce qu'un beau jour, voulant conduire ses filles à la kermesse, le cultivateur l'aura nettoyée, y aura placé deux chaises ou aura ajusté deux planches sur les ridelles. Que le percepteur, de son côté, vienne à se montrer dur et exigeant pour ses rentrées, et cet impôt aura le caractère le plus vexatoire aux yeux du public déjà mécontent. Ce n'est sans doute pas pour adoucir la pilule que M. Arthur Picard, rapporteur hostile, a répliqué à M. Brice, orateur favorable « Mais que le cultivateur ait un mulet au lieu d'un cheval ! Qu'il n'ait pas de voitures à ressorts ! » Commenté de la sorte, l'impôt a bien plus l'air d'une *amende* personnelle, d'une peine fiscale *ad hominem* que d'une charge collective, et si, d'après M. le ministre Say, on ne reçoit plus guère de réclamations contre cet impôt, ce pourrait bien être comme l'a dit M. Laroche-Joubert, parce que le public s'est lassé de les voir toujours repoussées.

Vous avez eu probablement connaissance, en France, des efforts que certains journaux, et entr'autres la *Gazette nationale* et la *Gazette de l'Allemagne du Nord* ont fait ces jours-ci pour prouver que la France voulait prendre sa revanche et abritait ses projets belliqueux derrière les travaux préparatoires de l'Exposition. J'en suis fâché pour ces rédacteurs naïfs, mais il faudra qu'ils

inventent autre chose pour détourner l'attention
de nos industriels ; il faudra du meilleur pour leur
faire oublier l'humiliation que notre pays retirera
de son absence d'une Exposition universelle, où
même des peuples à demi-civilisés viendront bri-
guer et obtiendront certainement des encouragements à l'originalité de leurs produits. Le sage
peut dédaigner le coup de pied de l'âne, mais
nous connaissons certaines gens qui, malgré la
bonne opinion qu'ils ont d'eux-mêmes, n'ont pas
le droit de rire de cette phrase recueillie dans un
journal satirique américain « la Prusse a déclaré
que, dorénavant, elle ne pourrait plus prendre
part qu'aux Expositions internationales de *canons*. »
Nous avons vu volontiers M. de Marcère nommé
président du centre gauche. Le télégraphe nous a
appris la réélection de M. Gambetta à la présidence
de la commission du budget, mais nous ne voyons
pas qu'on ait fait grande part au centre gauche,
et nous croyons que c'est un tort. Tout le monde
n'est pas né républicain, et se méfier des républi-
cains *du lendemain* semblerait tendre à amoindrir
l'immensité des désastres qui leur ont ouvert les
yeux et ont causé leur adhésion. Certes, au lendemain de 70, il y avait bien de quoi amener de sin-
cères conversions, on a pu alors, sans crainte de
remords de conscience, brûler bien des idoles, et,
pour parler le langage des catholiques, les gauches
extrêmes me paraissent voir dans les membres du
centre gauche des *âmes du purgatoire* ; encore
celles-ci ont-elles le droit de compter un peu, pour
en sortir, sur les prières des *élus* du paradis. J'ai
dit et je vous répète que Gambetta sera un jour
l'homme de la situation ; les idées qu'il préconise
aujourd'hui et qu'il a de la peine à faire accepter,
courront un jour le monde, mais le moment n'est
point encore *opportun*. Qu'il accepte pour *jalon*

M. Jules Simon ; celui-ci, non plus, ne trahira point la République, mais il rassurera les trembleurs, ne brusquera rien, ne cherchera à *faire avaler de crapauds* à personne, et la démocratie française devra lui savoir gré d'avoir assuré le maintien de la République.

L'incident du port d'armes antidaté signé par le sous-préfet de La Réole nous a fourni l'occasion de voir M. P. de Cassagnac faire « *Kiss, Kiss* » à son ancien compagnon d'armes, M. Robert Mitchell et lui passer sa propre cartouchière non moins bien garnie. Il y a longtemps que nous connaissions, nous Allemands, cette étroite confraternité, ne fût-ce que par la célèbre complainte intitulée « *Beide Zou-Zou* (les deux Zouzous). La chanson illustrée représentait leurs deux têtes dans la même calotte rouge, et elle célébrait peu généreusement, je l'avoue, les vicissitudes de campagne des deux volontaires zouaves, qu'une légitime reconnaissance attirait sur les pas de leur empereur et bienfaiteur. A chaque refrain, M. Robert Mitchell répétait, je ne sais pourquoi, qu'il n'était pas seulement vaillant *zouzou* (*tapfer zouzou*) mais encore vaillant capitaine de mobiles.

Le docteur *** nous a montré dernièrement des ouvrages et des lettres de France ayant trait au décroissement de la population. Nous avons vu que les sociétés savantes s'occupaient beaucoup de cette question. Les économistes français ne s'étonnent point du ralentissement pendant la période quinquennale de 1851 à 1856, si féconde en agitations politiques de toutes sortes ; les morts et les tués de la guerre, les Alsaciens-Lorrains ravis à la mère-patrie leur expliquent le déficit de 1870-1871, mais ils jettent les hauts cris en présence des sensibles diminutions de ces dernières années. Nous sommes surpris de ce manque de calme d'économistes de profession. Au point de vue économique, ils ne peuvent contester, ni que le total des naissances soit une somme de *production*, ni que la somme de *production* doive dépendre, pour être rationelle, de la facilité *d'écoulement* ou de *placement*. Le *placement*, du moment où il s'agit d'enfants, c'est selon la loi commune, pour les filles, le mariage ; pour les garçons, c'est l'*établissement*, c'est-à-dire la remise faite par le père à son fils des moyens de gagner sa vie. Quelle est la période la plus favorable au père de famille pour travailler à la réalisation de ce but sacré, si ce n'est celle pendant laquelle il possède son maximum de forces et d'intelligence? Or, c'est précisément aussi celle pendant laquelle les exigences du service militaire peuvent, du jour au lendemain, l'arrêter en pleine activité *productive*, heureux si la mort du soldat ne l'arrache pas pour jamais à sa famille non encore élevée. Voilà, si on réfléchit un peu, le motif de la crise génésique de la France, crise que je prévois devoir être fort longue. En Prusse, nous sommes habitués de plus ancienne date au *servage* militaire, la nation est, d'ailleurs, plus facile à conduire, ce qui ne nous empêche pas de perdre tous les ans des milliers d'émigrants, parce qu'ils veulent *produire* en paix et être certains *d'écouler*. Je ne pense pas que les économistes français s'étonnent de l'accroissement de population de l'Angleterre ; là, comme en Amérique, on jouit d'une liberté qui a son prix : *celle de son corps*.

VI

Berlin, le 5 février 1877.

Probablement pour la première fois, votre Parlement a vu M. Jules Simon, si paisible d'ordinaire, se mettre en colère et se plaindre du temps qu'on lui fait passer à répondre à des questions d'ordre secondaire, telles que celle du cercle catholique fondé sans autorisation à Arles par l'abbé Bourges. On en a causé chez le chancelier de Bismark, et comme je crois qu'il vous sera plus intéressant de connaître sa manière de voir que la mienne, voici ce qu'il a dit : « Le ministre français se plaint d'une perte de temps ? il a raison : le temps est un capital qui diminue tous les jours dans la bourse de chacun, mais si les fonctionnaires inférieurs, en France, n'étaient pas si avares du leur, on ne tourmenterait pas autant le ministre pour qu'il donne du sien. » Je crois effectivement qu'en Prusse, la justice n'aurait laissé à personne la possibilité de se plaindre au Parlement qu'un bris de scellés par un prêtre fût resté impuni ; cependant nous voulons croire que ce n'est pas qu'à *Berlin qu'il y a des juges.* Nous désapprouvons complètement, nous Allemands, le ton badin et suffisant que beaucoup de journaux de Paris ont employé en parlant de cet abus parce qu'il s'est passé dans une petite ville. Pour nous, le dernier des hameaux ou la capitale, c'est toujours la patrie.

Si libéraux que nous soyons dans notre cercle, nous ne déplorons point la condamnation du journal les *Droits de l'Homme*. Ses attaques injustes et calomnieuses contre le maréchal de Mac-Mahon ne pouvaient être tolérées sans préjudice pour la République, dont les vrais amis feront sagement de répudier des adeptes aussi maladroitement compromettants, mais, à notre avis, la justice et l'équité réclament qu'on poursuive également comme coupables d'insultes envers le Président de la République française les journaux qui osent le pousser à un coup d'Etat. Il faut avoir bien peu d'estime pour le caractère de cet honnête homme, de ce général qui, au risque de briser son avenir militaire, osa, en pleine période de la puissance impériale, protester contre la loi inique dite de *sûreté générale*. Les *Droits de l'Homme* ont attaqué le courage de Mac-Mahon ; je veux vous citer, à propos de son courage ou même de sa témérité, et d'après témoins, un fait particulier qui peut vous intéresser, vous Français. Le 1ᵉʳ septembre 1870, dès le matin et avant la venue de Napoléon sur le champ de bataille, l'état-major du maréchal avait déjà reçu des projectiles d'une batterie établie sur un monticule de la route forestière qui conduit de Sedan au village dit *Robécourt*. Des renseignements reconnus postérieurement faux disaient que Napoléon était en face. A l'aide des lunettes, on remarquait beaucoup, quand la fumée était dissipée, un cavalier à pantalon rouge, montant un cheval de couleur sombre, qui caracolait souvent à une assez grande distance du groupe de l'état-major ou des abris naturels derrière lesquels on avait vu le cortége se placer de temps en temps, et les sens différents dans lesquels le cavalier courait prouvaient abondamment que son autorité devait être fort étendue. La large dorure de son képi indiquait d'ailleurs un officier général, quand un pointeur à la vue perçante, qui avait habité la France, s'écria :

« C'est Mac-Mahon ! » Le capitaine lui répliqua qu'un *maréchal de France* ne s'exposerait pas de la sorte à attirer l'attention. Le sous-officier insista, le capitaine lui imposa silence, mais l'autre ne se tenant pas pour battu, pria un officier de lui prêter sa lunette, et après avoir regardé, jura de plus belle que c'était Mac-Mahon. Un officier d'état-major, l'ayant entendu, cueillit le renseignement au passage et rapporta, quelques minutes après, l'ordre de viser soigneusement le *cavalier toujours en mouvement*. Vous savez mieux que moi s'il fut exécuté.

La cour de cassation a donc confirmé l'arrêt de la cour d'appel de Besançon condamnant le journal de la *Haute-Saône* et réhabilité légalement les commissions mixtes. Nous avons admiré dans quelques fragments l'éloquence et la clarté du langage de M. le procureur-général Renouard, et nous avons éprouvé une satisfaction analogue à celle des collégiens, quand la version qu'on leur a donné à traduire est facile, mais nous ne pouvons en dire autant de l'arrêt de la haute Cour. Notre docteur s'est pourtant épuisé à nous faire palper les formes vagues et embrouillées du langage juridique, il a perdu bonne partie de ses peines. S'il s'était fâché, nous n'aurions certes pas eu le droit de lui objecter qu'il ne comprenait peut-être guère mieux que nous, mais il a interrompu gaiement ses explications en nous disant : « Au surplus, ce n'est pas étonnant, on parle toujours mieux *debout* qu'*assis*. » L'expression malicieuse de sa physionomie nous donnait à supposer que ce qu'il avait dit devait être un bon mot, et il nous l'a démontré en nous apprenant qu'en France, les juges et conseillers étaient dénommés magistrature *assise* et les procureurs et substituts magistrature *debout*. Quoi qu'il en soit, cet arrêt, contraire à l'opinion du gouvernement, contraire à l'opinion générale du pays, tire à de graves conséquences. Vous allez voir les bonapartistes s'en enorgueillir, et avec raison, ce qui devra déchaîner des assauts formidables contre l'inamovibilité des magistrats. M. Martel, votre ministre de la justice, qui est malade, suffira-t-il à la défendre? on sera peut-être heureux un jour de recourir, pour cela, à M. Renouard qui, depuis son discours, a sa place marquée à l'avenir parmi vos hommes politiques.

VII

Berlin, le 12 février 1877.

Vous me demandez de vous renseigner sur l'impression qu'a causée en Allemagne l'ouvrage de M. V. Tissot, intitulé : *Voyage au pays des milliards;* cette impression est déjà beaucoup affaiblie. Tout d'abord, la similitude de nom de l'auteur avec un de vos savants illustres a produit dans le monde qui lit une confusion que les ennemis de la France n'ont pas cherché à dissiper ; loin de là, ils en ont usé comme d'un argument propre à prouver que tous les Français, même les plus éclairés, nous détestaient. Le titre a blessé au vif l'amour-propre allemand. C'est, en effet, une ironie amère que de qualifier de *pays des milliards* un pays encore plus appauvri par une guerre victorieuse que le vôtre par la défaite, nonobstant les contes de bonnes femmes de certains optimistes qui avaient assuré au public naïf que, grâce à la rançon de la France, on ne paierait plus ni impôts, ni contributions.

« Il faudrait, dit M. Tissot, un long séjour, des recherches patientes, et surtout le commerce des hommes spéciaux pour approfondir des sujets que je n'aurai que le temps d'effleurer. » Cette précaution oratoire était superflue pour nous Allemands, le titre nous étant un sûr garant du peu de fond de l'ouvrage. Toutefois, nous reconnaissons qu'il eût fallu à votre compatriote beaucoup de philosophie pour pousser plus avant et surtout plus longtemps ses investigations dans un pays dont le séjour, vu les derniers événements, ne saurait être agréable à un Français. Le voyage commence par les Etats du Sud de l'Allemagne ; avant d'aller plus loin, nous déclarons attrayantes les descriptions topographiques et nous n'avons examiné ce livre qu'au seul point de vue du véritable but de l'auteur, qui a été de prendre une *revanche morale*. Quelques circonstances atténuantes qu'on puisse trouver à son animosité, il eût dû au moins être exact à l'endroit des hommes d'Etat du Wurtemberg, qui peuvent posséder des immeubles loués à des restaurateurs ou des hôteliers, sans tenir pour cela le sceptre de la cuisine. Quant à ce qu'il dit du roi qui, en 48, menacé par ses sujets, leur aurait simplement répondu qu'il s'en allait et aurait de la sorte reconquis leur affection, il me semble que cet épisode appartient à la vie du feu roi des Belges, Léopold Ier.

N'en déplaise à M. Tissot, le feld-maréchal de Manteufel n'est pas homme à tenir les propos cyniques et barbares qu'il lui prête lors de l'entrée des Prussiens à Francfort, en 1866, et de leur demande de contributions forcées. Quant au banquier, délégué du Sénat, qui aurait dit par dépit au général de « mettre plutôt, comme Néron, le feu aux quatre coins de la ville, » votre compatricte lui fait beaucoup d'honneur, car je doute que jamais ce financier aît même connu le nom de cet empereur romain.

M. Tissot met ces paroles dans la bouche de Karl Mayer, du *Beobachter*. « Les Allemands du Sud ne sont pas *Prussiens*, mais *alliés de la Prusse*. Aussi, dans le Sud, l'opposition ne sera jamais bien sérieuse. Le fondateur de l'unité allemande, M. de Bismark, obtiendra ce qu'il voudra des paysans et des bourgeois qui tremblent au nom de *guerre.* Le fantôme de la revanche fera longtemps encore son effet, il est même de l'intérêt de la Prusse de faire accroire que nous sommes au plus mal avec la France. Voyez la loi militaire : elle n'a été votée que par la peur. » Paroles sinon vraies, très vraisemblables, et bonnes à donner à méditer à la fois à l'Allemagne, pour sa propre instruction, et à la France pour la direction de sa conduite à l'égard de sa voisine.

L'auteur du *Voyage* nous reproche souvent, le long de son livre, d'être *gros* (vous saisirez le sens que je veux donner) dans notre art, notre littérature et nos caricatures. Nous qui avons habité la France et apprécié son bon goût, nous n'y contredirons point, mais nous protestons de toutes nos forces contre des phrases de ce genre. « La probité est inconnue à Berlin » ou « voilà des gens qui ont le courage de se donner pour ce qu'ils sont » à propos de l'avis de se méfier des voleurs affiché à la gare. M. Tissot est-il bien sûr qu'aucun Allemand n'aît jamais été *floué* en France ? Et les voyageurs de toutes nations ne sont-il pas quelquefois volés dans les *salles des Pas-Perdus* des grandes gares de Paris ? Serait-ce juste pour cela, d'attaquer en bloc la nation française ?

Passant à l'examen des choses militaires, M. Tissot signale les statues des anciens généraux prussiens « qui semblent exciter leurs compatriotes au combat.... ou *à la rapine* » et les « Iris montrant le chemin de l'Olympe à ceux qui sont morts dans l'enlèvement d'un drapeau... *ou d'une pendule.* »

Il faudrait qu'un Prussien n'eût jamais entendu son père lui conter en pleurant le désastre d'Iéna pour ne pas comprendre la douleur française, mais nous repoussons ces généralités insultantes. Les hommes de bronze dont l'aspect irrite M. Tissot ont sauvé leur pays asservi par *l'ennemi hérédi-taire,* je ne dirai pas *les Français,* mais *les Napo-léon,* entre les mains desquels ils furent des ins-truments trop obéissants. Qui commença la que-relle de 1806 ? Le premier Napoléon, en faisant passer, au mépris de la neutralité, ses troupes dans le marquisat prussien d'Anspach. Qui com-mença celle de 1870 ? Encore un Napoléon. Lui qui, sans grief aucun, allait, pour un oui, pour un non, porter la guerre aux quatre coins du monde et créer des empires contre la volonté des peuples, ne sut seulement supporter que l'Espagne, à court de roi, songeât un instant à offrir à un prince prussien un trône dont il ne voulait point.

Si M. Tissot a *effleuré* beaucoup de choses, il nous paraît avoir *approfondi* beaucoup les mœurs de Berlin, et pour cela il n'a pas négligé le *com-merce des hommes spéciaux.* Nous ne dirons rien de cette partie de son livre ; certaines caves de Ber-lin ne nous intéressent pas plus que certains *reti-ros* des Champs-Elysées. Sommes-nous sous les *Tilleuls,* nous hâtons le pas, de même qu'à Paris sur les boulevards à la sortie des théâtres. En ré-sumé, à notre sens, le *Voyage au pays des mil-liards* est un ouvrage dangereux pour la tranquil-lité internationale, et si un jour se révèle un Tissot allemand, nous ne le lirons point.

VIII

Paris, le 28 février.

Vous serez sans doute surpris de recevoir de
moi une lettre datée de votre capitale, où je me
suis rendu sur la foi de beaucoup de nos journaux
annonçant que M. Hyacinthe Loyson allait faire
des conférences religieuses au Théâtre-Italien,
mais j'ai été fâcheusement désappointé d'appren-
dre que le ministre de l'intérieur lui refusait l'autorisation. Je n'ignorais pas que les lois françaises
interdisent la célébration publique des cultes non
reconnus par l'Etat, et je me disais que l'exposition d'une doctrine religieuse quelconque ne cons-
tituait pas une *manifestation* dans le vrai sens
collectif du mot, car elle n'engage que l'orateur,
qui seul a la parole, et non ses auditeurs, qui ne
sont pas tous ses disciples, et dont beaucoup peuvent être venus l'entendre par pure curiosité ou
même par préméditation de critique ; mais un ju-
riconsulte m'a appris que, de plus, la loi pré-
voyante avait armé le ministre du droit d'interdire
toute conférence sur des questions religieuses. Les
écrits seuls sont tolérés, et comme l'enseignement
oral a été la semence de toutes les religions sans
exception, j'en ai conclu que l'intention formelle
du législateur français, en le prohibant dans l'es-
pèce, avait été de borner les cultes reconnus au
nombre actuellement existant. Des gens dignes de

foi m'ont affirmé que M. Jules Simon avait craint
que l'apparition de l'ex-père Hyacinthe dans le
pays où il a apostasié avec tant de bruit ne causât
de l'agitation. Quant à moi, si j'examine la nation
française, je crois qu'il n'y a pas de place chez
elle pour les innovations religieuses. Pour beaucoup de vos concitoyens qui, malheureusement,
ne croient plus à rien, les conférences de M. Loyson
eussent été de nul effet ; les tièdes s'y fussent
rendus comme au théâtre, en payant chèrement
leurs places, ainsi que cela se passait jadis à No-
tre-Dame ; quant aux catholiques romains, autant
vaudrait que l'ex-père Hyacinthe mordît sur des
roches de granit, et M. Jules Simon, en interdisant
la parole à l'apostat, n'a fait qu'ôter à ces derniers
un motif pour crier que la République favorise les
scandales.

Cet acte de condescendance ou de coquetterie
envers les catholiques n'a pas inspiré la réciprocité
à M. de Gavardie, quand il est venu adjurer le Sénat de demander au Président de la République
l'exclusion de son conseil de tout ministre ayant
appartenu de loin ou de près à l'Internationale.
Cette allusion est du plus mauvais goût ; si M.
Jules Simon a réellement fait partie de cette asso-
ciation, cela ne serait encore pas étonnant de la
part d'un moraliste adonné à l'étude des questions
ouvrières et obligé par conscience professionnelle
d'étendre au-delà des frontières le cercle de ses
investigations. Je me rappelle qu'au commence-
ment de la République, votre *Figaro* ressassait
avec une persistance fatigante l'inscription du
ministre de l'instruction publique sous le n° 606, et
à la même époque, j'ai vu entre les mains d'un de
mes amis, chrétien fervent, qui avait administré pour
la Prusse un département français envahi, une
lettre de l'évêque avec qui il était resté en corres-

pondance. « Nous n'avons jamais eu, disait le prélat, de ministre mieux disposé pour la religion que *le 606* ; sous l'empire, nos églises de province ne semblaient pas dignes des largesses du ministère, qui ne voulait même pas faire de promesses. Aujourd'hui, on ne nous paie pas de promesses, on nous donne ce que nous demandons, et encore on s'excuse de ne pas nous donner davantage. »

Quand j'ai quitté Berlin, on y commentait assez vivement la nouvelle donnée par les journaux français d'un essai de mobilisation de votre armée territoriale pour le printemps qui vient. Il faut que vous sachiez qu'ici, un de ces *on dit* dont on ne connaît jamais la source veut qu'au premier jour, la France, jetant sa landwehr dans ses forteresses, lance à la fois sur l'Allemagne tous ses soldats exercés ; mais il faut bien que l'amour-propre national se satisfasse, et les Français seront écrasés *sur le corridor, entre les deux portes* (Verdun, porte de la France et Metz, aujourd'hui porte de la Prusse). On m'assure à Paris que cet essai n'aura point lieu. Il vaut mieux qu'il en soit ainsi ; jusqu'à ce que vos vrais soldats, sortant de l'armée active, soient entrés dans l'armée territoriale, celle-ci n'aura point de valeur au point de vue de l'offensive, et précisément à cause de sa composition actuellement inférieure, sa mobilisation ressemblerait à une levée en masse, dont les susceptibilités allemandes se montreraient très ombrageuses.

MONTMÉDY. — IMP. PIERROT.

LETTRES
D'UN PRUSSIEN

SUR

LA POLITIQUE EN FRANCE.

TRADUCTION

de Ch. PILARD.

2me FASCICULE.

MONTMÉDY

IMPRIMERIE DE PIERROT-CAUMONT.

1877.